AF410501

Como crear
Tu propio
Video físico
Productos Cómo Crear
Tu propio
Video físico
Productos

¿Por qué son importantes los productos de video? Porque tienen un
mayor valor percibido por sus prospectos y clientes.

Puedes cobrar más por los videos de lo que normalmente cobras
libros electrónicos, y pueden ser más fáciles de vender porque hay más
la gente quiere ver videos que leer libros electrónicos. Si usted
desea capturar tanto a los amantes como a los lectores de videos, simplemente agregue
Transcripciones en PDF de sus videos a su paquete.
Luego, si lo desea, también puede reutilizar el video
quitando el audio y vendiéndolo como un producto, como
así como empaquetar las transcripciones en un libro electrónico o
dividiéndolos en artículos y publicaciones de blog.

Y si

estás haciendo una serie de videos, incluso puedes convertirlos

en un curso completo o sitio de membresía.

¿Qué tipo de cámara necesitas?

Puedes optar por un modelo caro, pero al principio

Abogo por ahorrar su dinero y utilizar un método bastante decente.

cámara que no te costará varios cientos de dólares.

Después de todo, lo verdaderamente importante es el contenido de su
videos, no es que tengas películas con calidad de Hollywood
(¡no vas a alcanzar ese nivel de todos modos!)
Puede frecuentar su tienda de oficina favorita y simplemente elegir
una cámara económica allí. O puedes usar el integrado en su computadora.
Y, por supuesto, obtenga el trípode: se pagará por sí mismo el
primera vez que te grabas.
¿Cómo eliges el tema para tu video?
¿producto?
Es muy similar a cualquier producto: averigüe qué
sus clientes necesitan y quieren y bríndeles eso y
más.

Y para asegurarse de que está en el camino
correcto, pruébelo.
Tal vez haga una publicación de blog o
responda una encuesta y vea de qué tipo
de reacción que obtienes. Aunque los productos
de video son más rápidos
hacer que productos escritos, todavía no
quieres
desperdiciar uno o dos días haciendo un
producto que nadie compra.

¿Cómo escribes el guion de tu video?
Hay un mito entre aquellos que nunca han
hecho un
video que todo lo que necesita hacer es elegir
un tema,

activar el
cámara y empezar a hablar.

Y si eres un orador refinado
bien versado en su tema, eso incluso podría ser cierto. Pero para
la mayoría de nosotros, necesita tener un plan de juego antes de que usted
iniciar la grabación.
Comienza con quién eres y por qué deberían escucharte.
sobre este tema. ¿Eres un experto? Has entrevistado
expertos? ¿Has estudiado tu tema? Sea lo que sea
te convierte en una autoridad, colócalo justo al frente en el
comenzando a construir la confianza de su oyente en usted.
A continuación, analice el problema. ¿Es tu vídeo sobre cómo conseguir
¿tráfico? Entonces el problema es bastante obvio: sin tráfico = no
Ventas. ¿Está su producto en el cuidado de la piel? Hablar de las pruebas
y tribulaciones (que son muy reales) de tener mala piel

Hágales saber que se parece mucho a ellos. Tu tenias el
mismo problema y pasaste por momentos difíciles
antes de resolver el problema.
Luego, después de mucho gasto / ensayo y error /
vergüenza / tiempo / etc. usted descubrió la solución.
Estás contando tu historia de problemas, dificultades y finalmente
solución.
A continuación, cubrirá lo que la solución ha hecho por usted y
cómo ha mejorado su vida / negocio desde que descubrió el
solución.

Y pintas una imagen de lo que es su vida yo
el negocio será como una vez que implementen su solución.
Aquí es donde acumula los mayores beneficios de su

La solución le dará a su espectador. Hágales SENTIR el
beneficios, animarlos y emocionarlos, y la mayoría de
que todos estén contentos de que estén viendo tu video y estén ansiosos
para saber lo que estás a punto de enseñar.
Si esto suena como una mini carta de ventas, lo es.

Al comienzo de su video, está tranquilizando a su espectador que tomaron una excelente decisión al comprar su
producto al iluminar su dolor y ser el experto con la solución.
También puede cubrir brevemente las viejas formas de lidiar con
el problema, versus la nueva forma en que están a punto de aprender.

Por ejemplo, la antigua forma de lidiar con el acné era x, y

y z. Pero ahora lo sabemos mejor. De hecho, las últimas novedades científicas

La investigación nos muestra que esas soluciones eran tan

efectivo como cantar desnudo bajo la luna llena en comparación

con su nueva solución.

A nadie le gusta estar asociado con la "forma antigua", por lo que

esto simplemente refuerza el hecho de que anotaron una casa

ejecutar cuando reciban su producto.

Finalmente, entrarás en la carne del producto.

Todo lo que ha hecho hasta este punto es configurarlos para obtener su

solución, ahora la vas a proporcionar, paso a paso.

No tenga miedo de darles detalles y decirles que no
solo 'cómo' hacer algo, pero también 'por qué'
deberían hacerlo

de esa manera. Recuerde, usted es el experto,
así que por todos
significa ser comunicativo con su experiencia.
Antes de terminar el video, tienes una cosa más
hacer - dígales qué hacer a continuación. Diles
que tomen el
información que acaban de obtener y ponerla a
trabajar. Y
sobre todo, déles el primer paso.

Si acabas de dar

ellos una gran cantidad de información, es

posible que se sientan abrumados en

haciendo nada. Por eso quiere ponerlos en el

camino hacia el éxito recordándoles ese primer

paso, y

diciéndoles que lo hagan ahora mismo mientras

aún está fresco en su

mentes.

¿Qué software necesitas?

Necesitará algún tipo de software para crear su

producto de video terminado, y la buena noticia

es que es gratis.

Si tiene una PC, probablemente ya tenga una

copia de

Movie Maker, y si no lo tiene, puede

descargarlo de

La Internet. Si tienes una Mac, usarás 8

iMovie. Por supuesto, también puede comprar

profesionales.

software como Adobe. Pero al principio, hay

realmente no es necesario, ya que el software que ya tiene en

su computadora portátil es probablemente más de lo que necesita.

¿Qué hay de los consejos de edición?

Primero, manténgalo simple. Seguro que hay todo tipo de fantasías

trucos que puedes usar en tus videos, pero para lucir realmente

profesional desea que sea sencillo.

La forma más fácil de editar tu video es contratar

alguien que lo haga por ti.

Podrías usar una persona de Fiverr para esto, o alguien de Freelancer.com o uno de esos

sitios web de autónomos. Dígales que quiere una diapositiva de título en el

comienzo, una transición suave al video tuyo hablando y, sobre todo, elimine todos y cada uno de los huecos. Tú sé a qué me refiero: la vez que dejaste caer tus notas,

perdiste el hilo de tus pensamientos, o cuando el hombre de UPS

toqué a tu puerta.

Si está haciendo su propia edición, entonces ya sabe

qué hacer. Elimina pausas, lagunas y errores. Editar

Ese comienzo o final brusco en el que estabas luchando con el

cámara.

¿Hiciste el video en segmentos? En lugar de cortar

directamente de un segmento a otro, haz un fundido cruzado para

una transición más suave.

Agregue diapositivas de título frontal y posterior a su video.

La diapositiva del título

tiene el título del video con su nombre. Podrías también incluya lo que hay en el video en esa diapositiva o en un segundo
diapositiva.

 La diapositiva posterior es la misma que la diapositiva del título,
o tiene la adición de la URL de su sitio web. Este pequeño paso
contribuye en gran medida a que su video se vea realmente
profesional.
NOTA: Si en algún momento algo de esto suena fuera de su
liga, puede leer las instrucciones del software,
Búscalo en Google o simplemente consigue que alguien más lo haga. El principal
La cosa aquí es que NO se obsesiona con los 10 técnicos
cosas. Esto es menor en el mejor de los casos, y definitivamente no es algo

que debería impedirte hacer tu propio video
producto. Demasiadas personas tienen miedo
de probar algo nuevo
porque no saben cómo hacer el aspecto técnico
de
eso. Y qué. Consiga que alguien más se
encargue de esas cosas por usted
y simplemente HAZLO. :-)
Una cosa más: si desea obtener su video
perfecto, o incluso casi perfecto, tengo noticias:
será
nunca sucederá. Siempre. Vas a tropezar con tu
palabras. Vas a tener una mirada tonta en tu
cara cuando
Trate de recordar lo que estaba a punto de
decir. Vas
para parecer un poco nervioso, o mareado, o lo
que sea. No hay
tal cosa como la perfección, así que ni siquiera
intentes alcanzarla -
te volverás loco si lo haces.

Conozco a un tipo que grabó el mismo video de 20 minutos 11

veces tratando de hacerlo perfecto. Sepa cuál es su mejor toma

¿estaba? El segundo. Los siguientes nueve fueron un completo

pérdida de tiempo y fuente de tremenda frustración. Y

para que lo sepas: el segundo video fue apenas mejor que el primero. ¿Había simplemente grabado el video

una vez y se detuvo como una persona cuerda, él, el video y

todos sus espectadores habrían estado bien. Como era el

no grabó otro producto de video durante meses porque

temía volver a pasar por la misma prueba.

Y, por cierto, a la gente le gustan las personas que son humanas. Si

lograste la perfección, tú y tu video se sentirían

demasiado estéril, como si fueras una especie de máquina. Pensar
al respecto - ¿qué sucede cuando escuchas a alguien tropezar?
en una palabra en un video instructivo? Personalmente pienso
son más agradables y empiezo a apoyarlos.
Sin embargo, una cosa que debe evitar son esos pequeños rellenos
ruidos que no añaden nada al contenido y sólo sirven para
distraer. Sabes los ruidos a los que me refiero: "Um, errr, ahh"
Etcétera. Si estás pensando que es mejor hacer uno de
esos sonidos que ofrecer uno o dos segundos de silencio,
ruego diferir.

 Y me refiero a suplicar. Te ruego que no hagas esos sonidos. Una vez me senté durante un discurso de veinte minutos en el que escuché 281 umms, errrs y ahhhs. Si, yo 12

los contó. Fueron los 20 minutos más largos de mi

la vida. ¿El culpable? Un funcionario electo local que fue

(afortunadamente) expulsado de su cargo por una mayoría aplastante

votar antes de la expiración de su primer mandato.

¿Fue expulsada de la oficina debido a su umm, err's

y ahh's? Sé que no la ayudó, eso es seguro.

¿Cómo se guardan los videos en un DVD?

Fácil. Vaya a http://Kunaki.com

Podría terminar aquí y tendrías toda la información que necesitas

para crear sus DVD y enviarlos; Kunaki es eso

sencillo. Kunaki toma el archivo que subiste y lo convierte

en un DVD profesional dentro de un estuche, completo con etiqueta

en el disco, una cubierta a todo color en la caja
con código de barras, todo
retractilado y listo para ser enviado. Oh si, y
también lo enviarán a sus clientes por usted.
¿El costo total? Depende de cuántos pidas:
cifra alrededor de $ 5. Entonces, si está
cobrando $ 47 por su DVD,
está limpiando más de $ 40. Cobra $ 97 y ...
bueno, obtienes
la idea.
NOTA: ¿Conoce uno de los mayores beneficios
de tener
un producto físico? Reembolsos más bajos. Si
tomas idéntico
productos y hacer uno físico y otro electrónico
descargar, el producto físico - 9 de cada 10 -
tienen una tasa de reembolso más baja porque
la gente es vaga. Ellos
no quiero molestarse en enviar el DVD para
obtener el
reembolso. Además, es menos probable que los
reembolsos en serie hagan pedidos en el

primer lugar porque saben que tendrán que devolver el

DVD para calificar para el reembolso.

Tú eliges la carátula de tu producto. Y tu puedes

Ordene a granel si prefiere hacer su propio envío o vender

ellos en seminarios.

Una advertencia sobre Kunaki: necesita una PC para usar inicialmente 14

Kunaki. Esto está tomado del sitio web de Kunaki:

Puede diseñar su obra de arte en una Mac y puede crear

su CD o DVD original en la Mac.

Luego, tome prestada una PC por unas horas y use nuestro software para

configura tu producto, selecciona tu obra de arte y contenidos.

El software cargará su producto en nuestras instalaciones.

A partir de entonces, puede usar su navegador Mac para ordenar y

administre sus productos en su cuenta en la web de Kunaki

sitio.

Entonces, ¿qué deberías hacer a continuación? Crea tu primer producto de video. Si ya tienes un

cámara de video o un teléfono con una cámara de video decente

dentro de él, luego utilícelo. Decide cuál es tu producto

sobre y luego. Sólo. Hacer. Eso.

Envíelo a Kunaki y obtenga su copia de demostración gratuita. Son 15

un poco genial (está bien, ¡es una maravilla!) poner tus manos en tu

primer producto real y tangible.

Y no se obsesione tremendamente con la calidad de

este primer producto. Eso no es tan importante como OBTENER

SU PRIMER PRODUCTO DE VIDEO CREADO.
Pregúntese ahora mismo: ¿cuál será su tema?
voy a
apuesto a que hay un producto que se ha
estado elaborando en la parte trasera de
tu cabeza desde hace algún tiempo, un
producto que pretendes
para crear "una vez que tenga el tiempo".
Creando tu
producto en video en lugar de escribirlo, ahora
tiene el
hora.
Y una vez que veas por ti mismo lo fácil que es
todo esto
El proceso es, creo que querrás hacerlo de
nuevo. Y
de nuevo. Y otra vez.
¡Que se divierta y disfrute!

juan manuel...